中华人民共和国职业教育法

含新旧对照

中国法制出版社
CHINA LEGAL PUBLISHING HOUSE

目　录

中华人民共和国主席令

第一一二号

《中华人民共和国职业教育法》已由中华人民共和国第十三届全国人民代表大会常务委员会第三十四次会议于2022年4月20日修订通过，现予公布，自2022年5月1日起施行。

中华人民共和国主席　习近平

2022年4月20日

中华人民共和国职业教育法

（1996年5月15日第八届全国人民代表大会常务委员会第十九次会议通过　2022年4月20日第十三届全国人民代表大会常务委员会第三十四次会议修订）

目　　录

第一章 总 则

第一条 为了推动职业教育高质量发展，提高劳动者素质和技术技能水平，促进就业创业，建设教育强国、人力资源强国和技能型社会，推进社会主义现代化建设，根据宪法，制定本法。

第二条 本法所称职业教育，是指为了培养高素质技术技能人才，使受教育者具备从事某种职业或者实现职业发展所需要的职业道德、科学文化与专业知识、技术技能等职业综合素质和行动能力而实施的教育，包括职业学校教育和职业培训。

机关、事业单位对其工作人员实施的专门培训由法律、行政法规另行规定。

第三条 职业教育是与普通教育具有同等重要地位的教育类型，是国民教育体系和人力资源开发的重要组成部分，是培养多样化人才、传承技术技能、促进就业创业的重要途径。

国家大力发展职业教育，推进职业教育改革，提高职业教育质量，增强职业教育适应性，建立健全适应社会主义市场经济和社会发展需要、符合技术技能人才成长规律的职业教育制度体系，为全面建设社会主义现代化国家提供有力人才和技能支撑。

第四条 职业教育必须坚持中国共产党的领导，坚持社会主义办学方向，贯彻国家的教育方针，坚持立德树人、德技并修，坚持产教融合、校企合作，坚持面向市场、促进就业，坚持面向实践、强化能力，坚持面向人人、因材施教。

实施职业教育应当弘扬社会主义核心价值观，对受教育者进行思想政治教育和职业道德教育，培育劳模精神、劳动精神、工匠精神，传授科学文化与专业知识，培养技术技能，进行职业指导，全面提高受教育者的素质。

第五条 公民有依法接受职业教育的权利。

第六条 职业教育实行政府统筹、分级管理、地方为主、行业指导、校企合作、社会参与。

第七条 各级人民政府应当将发展职业教育纳入国民经济和社会发展规划，与促进就业创业和推动发展方式转变、产业结构调整、技术优化升级等整体部署、统筹实施。

第八条 国务院建立职业教育工作协调机制，统筹协调全国职业教育工作。

国务院教育行政部门负责职业教育工作的统筹规划、综合协调、宏观管理。国务院教育行政部门、人力资源社会保障行政部门和其他有关部门在国务院规定的职责范围内，分别负责有关的职业教育工作。

省、自治区、直辖市人民政府应当加强对本行政区域内职业教育工作的领导，明确设区的市、县级人民政府职业教育具体工作职责，统筹协调职业教育发展，组织开展督导评估。

县级以上地方人民政府有关部门应当加强沟通配合，共同推进职业教育工作。

第九条 国家鼓励发展多种层次和形式的职业教育，推进多元办学，支持社会力量广泛、平等参与职业教育。

国家发挥企业的重要办学主体作用，推动企业深度参与职业教育，鼓励企业举办高质量职业教育。

有关行业主管部门、工会和中华职业教育社等群团组织、行业组织、企业、事业单位等应当依法履行实施职业教育的义务，参与、支持或者开展职业教育。

第十条 国家采取措施，大力发展技工教育，全面提高产业工人素质。

国家采取措施，支持举办面向农村的职业教育，组织开展农业技能培训、返乡创业就业培训和职业技能培训，培养高素质乡村振兴人才。

国家采取措施，扶持革命老区、民族地区、边远地区、欠发达地区职业教育的发展。

国家采取措施，组织各类转岗、再就业、失业人员以及特殊人群等接受各种形式的职业教育，扶持残疾人职业教育的发展。

国家保障妇女平等接受职业教育的权利。

第十一条 实施职业教育应当根据经济社会发展需要，结合职业分类、职业标准、职业发展需求，制定教育标准或者培训方案，实行学历证书及其他学业证书、培训证书、职业资格证书和职业技能等级证书制度。

国家实行劳动者在就业前或者上岗前接受必要的职业教育的制度。

第十二条 国家采取措施，提高技术技能人才的社会地位和待遇，弘扬劳动光荣、技能宝贵、创造伟大的时代风尚。

国家对在职业教育工作中做出显著成绩的单位和个人按照有关规定给予表彰、奖励。

每年5月的第二周为职业教育活动周。

第十三条 国家鼓励职业教育领域的对外交流与合作，支持引进境外优质资源发展职业教育，鼓励有条件的职业教育机构赴境外办学，支持开展多种形式的职业教育学习成果互认。

第二章 职业教育体系

第十四条 国家建立健全适应经济社会发展需要，产教深度融合，职业学校教育和职业培训并重，职业教育与普通教育相互融通，不同层次职业教育有效贯通，服务全民终身学习的现代职业教育体系。

国家优化教育结构，科学配置教育资源，在义务教育后的不同阶段因地制宜、统筹推进职业教育与普通教育协调发展。

第十五条 职业学校教育分为中等职业学校教育、高等职业学校教育。

中等职业学校教育由高级中等教育层次的中等职业学校（含技工学校）实施。

高等职业学校教育由专科、本科及以上教育层次的高等职业学校和普通高等学校实施。根据高等职业学校设置制度规定，将符合条件的技师学院纳入高等职业学校序列。

其他学校、教育机构或者符合条件的企业、行业组织按照教育行政部门的统筹规划，可以实施相应层次的职业学校教育或者提供纳入人才培养方案的学分课程。

第十六条 职业培训包括就业前培训、在职培训、再就业培训及其他职业性培训，可以根据实际情况分级分类实施。

职业培训可以由相应的职业培训机构、职业学校实施。

其他学校或者教育机构以及企业、社会组织可以根据办学能力、社会需求，依法开展面向社会的、多种形式的职业培训。

第十七条 国家建立健全各级各类学校教育与职业培训学分、资历以及其他学习成果的认证、积累和转换机制，推进职业教育国家学分银行建设，促进职业教育与普通教育的学习成果融通、互认。

军队职业技能等级纳入国家职业资格认证和职业技能等级评价体系。

第十八条 残疾人职业教育除由残疾人教育机构实施外，各级各类职业学校和职业培训机构及其他教育机构应当按照国家有关规定接纳残疾学生，并加强无障碍环境建设，为残疾学生学习、生活提供必要的帮助和便利。

国家采取措施，支持残疾人教育机构、职业学校、职业培训机构及其他教育机构开展或者联合开展残疾人职业教育。

从事残疾人职业教育的特殊教育教师按照规定享受特殊教育津贴。

第十九条 县级以上人民政府教育行政部门应当鼓励和支持普通中小学、普通高等学校，根据实际需要增加职业教育相关教学内容，进行职业启蒙、职业认知、职业体验，开展职业规划指导、劳动教育，并组织、引导职业学校、职业培训机构、企业和行业组织等提供条件和支持。

第三章 职业教育的实施

第二十条 国务院教育行政部门会同有关部门根据经济社会发展需要和职业教育特点，组织制定、修订职业教育专业目录，完善职业教育教学等标准，宏观管理指导职业学校教材建设。

第二十一条　县级以上地方人民政府应当举办或者参与举办发挥骨干和示范作用的职业学校、职业培训机构，对社会力量依法举办的职业学校和职业培训机构给予指导和扶持。

国家根据产业布局和行业发展需要，采取措施，大力发展先进制造等产业需要的新兴专业，支持高水平职业学校、专业建设。

国家采取措施，加快培养托育、护理、康养、家政等方面技术技能人才。

第二十二条　县级人民政府可以根据县域经济社会发展的需要，设立职业教育中心学校，开展多种形式的职业教育，实施实用技术培训。

教育行政部门可以委托职业教育中心学校承担教育教学指导、教育质量评价、教师培训等职业教育公共管理和服务工作。

第二十三条　行业主管部门按照行业、产业人才需求加强对职业教育的指导，定期发布人才需求信息。

行业主管部门、工会和中华职业教育社等群团组织、行业组织可以根据需要，参与制定职业教育专业目录和相关职业教育标准，开展人才需求预测、职业生涯发展研究及信息咨询，培育供需匹配的产教融合服务组织，举办或者联合举办职业学校、职业培训机构，组织、协调、指导相关企业、事业单位、社会组织举办职业学校、职业培训机构。

第二十四条 企业应当根据本单位实际，有计划地对本单位的职工和准备招用的人员实施职业教育，并可以设置专职或者兼职实施职业教育的岗位。

企业应当按照国家有关规定实行培训上岗制度。企业招用的从事技术工种的劳动者，上岗前必须进行安全生产教育和技术培训；招用的从事涉及公共安全、人身健康、生命财产安全等特定职业（工种）的劳动者，必须经过培训并依法取得职业资格或者特种作业资格。

企业开展职业教育的情况应当纳入企业社会责任报告。

第二十五条 企业可以利用资本、技术、知识、设施、设备、场地和管理等要素，举办或者联合举办职业学校、职业培训机构。

第二十六条 国家鼓励、指导、支持企业和其他社会力量依法举办职业学校、职业培训机构。

地方各级人民政府采取购买服务，向学生提供助学贷款、奖助学金等措施，对企业和其他社会力量依法举办的职业学校和职业培训机构予以扶持；对其中的非营利性职业学校和职业培训机构还可以采取政府补贴、基金奖励、捐资激励等扶持措施，参照同级同类公办学校生均经费等相关经费标准和支持政策给予适当补助。

第二十七条 对深度参与产教融合、校企合作，在提升技术技能人才培养质量、促进就业中发挥重要主体作用的企业，按照规定给予奖励；对符合条件认定为产教融合型企业的，按照规定给予金融、财政、土地等支持，落实教育费附加、地方教育附加减免及其他税费优惠。

第二十八条 联合举办职业学校、职业培训机构的，举办者应当签订联合办学协议，约定各方权利义务。

地方各级人民政府及行业主管部门支持社会力量依法参与联合办学，举办多种形式的职业学校、职业培训机构。

行业主管部门、工会等群团组织、行业组织、企业、事业单位等委托学校、职业培训机构实施职业教育的，应当签订委托合同。

第二十九条 县级以上人民政府应当加强职业教

育实习实训基地建设，组织行业主管部门、工会等群团组织、行业组织、企业等根据区域或者行业职业教育的需要建设高水平、专业化、开放共享的产教融合实习实训基地，为职业学校、职业培训机构开展实习实训和企业开展培训提供条件和支持。

第三十条 国家推行中国特色学徒制，引导企业按照岗位总量的一定比例设立学徒岗位，鼓励和支持有技术技能人才培养能力的企业特别是产教融合型企业与职业学校、职业培训机构开展合作，对新招用职工、在岗职工和转岗职工进行学徒培训，或者与职业学校联合招收学生，以工学结合的方式进行学徒培养。有关企业可以按照规定享受补贴。

企业与职业学校联合招收学生，以工学结合的方式进行学徒培养的，应当签订学徒培养协议。

第三十一条 国家鼓励行业组织、企业等参与职业教育专业教材开发，将新技术、新工艺、新理念纳入职业学校教材，并可以通过活页式教材等多种方式进行动态更新；支持运用信息技术和其他现代化教学方式，开发职业教育网络课程等学习资源，创新教学方式和学校管理方式，推动职业教育信息化建设与融合应用。

第三十二条 国家通过组织开展职业技能竞赛等活动，为技术技能人才提供展示技能、切磋技艺的平台，持续培养更多高素质技术技能人才、能工巧匠和大国工匠。

第四章 职业学校和职业培训机构

第三十三条 职业学校的设立，应当符合下列基本条件：

（一）有组织机构和章程；

（二）有合格的教师和管理人员；

（三）有与所实施职业教育相适应、符合规定标准和安全要求的教学及实习实训场所、设施、设备以及课程体系、教育教学资源等；

（四）有必备的办学资金和与办学规模相适应的稳定经费来源。

设立中等职业学校，由县级以上地方人民政府或者有关部门按照规定的权限审批；设立实施专科层次教育的高等职业学校，由省、自治区、直辖市人民政府审批，报国务院教育行政部门备案；设立实施本科及以上层次教育的高等职业学校，由国务院教育行政部门审批。

专科层次高等职业学校设置的培养高端技术技能人才的部分专业，符合产教深度融合、办学特色鲜明、培养质量较高等条件的，经国务院教育行政部门审批，可以实施本科层次的职业教育。

第三十四条 职业培训机构的设立，应当符合下列基本条件：

（一）有组织机构和管理制度；

（二）有与培训任务相适应的课程体系、教师或者其他授课人员、管理人员；

（三）有与培训任务相适应、符合安全要求的场所、设施、设备；

（四）有相应的经费。

职业培训机构的设立、变更和终止，按照国家有关规定执行。

第三十五条 公办职业学校实行中国共产党职业学校基层组织领导的校长负责制，中国共产党职业学校基层组织按照中国共产党章程和有关规定，全面领导学校工作，支持校长独立负责地行使职权。民办职业学校依法健全决策机制，强化学校的中国共产党基层组织政治功能，保证其在学校重大事项决策、监督、执行各环节有效发挥作用。

校长全面负责本学校教学、科学研究和其他行政管理工作。校长通过校长办公会或者校务会议行使职权，依法接受监督。

职业学校可以通过咨询、协商等多种形式，听取行业组织、企业、学校毕业生等方面代表的意见，发挥其参与学校建设、支持学校发展的作用。

第三十六条 职业学校应当依法办学，依据章程自主管理。

职业学校在办学中可以开展下列活动：

（一）根据产业需求，依法自主设置专业；

（二）基于职业教育标准制定人才培养方案，依法自主选用或者编写专业课程教材；

（三）根据培养技术技能人才的需要，自主设置学习制度，安排教学过程；

（四）在基本学制基础上，适当调整修业年限，实行弹性学习制度；

（五）依法自主选聘专业课教师。

第三十七条 国家建立符合职业教育特点的考试招生制度。

中等职业学校可以按照国家有关规定，在有关专业实行与高等职业学校教育的贯通招生和培养。

高等职业学校可以按照国家有关规定，采取文化素质与职业技能相结合的考核方式招收学生；对有突出贡献的技术技能人才，经考核合格，可以破格录取。

省级以上人民政府教育行政部门会同同级人民政府有关部门建立职业教育统一招生平台，汇总发布实施职业教育的学校及其专业设置、招生情况等信息，提供查询、报考等服务。

第三十八条 职业学校应当加强校风学风、师德师风建设，营造良好学习环境，保证教育教学质量。

第三十九条 职业学校应当建立健全就业创业促进机制，采取多种形式为学生提供职业规划、职业体验、求职指导等就业创业服务，增强学生就业创业能力。

第四十条 职业学校、职业培训机构实施职业教育应当注重产教融合，实行校企合作。

职业学校、职业培训机构可以通过与行业组织、企业、事业单位等共同举办职业教育机构、组建职业教育集团、开展订单培养等多种形式进行合作。

国家鼓励职业学校在招生就业、人才培养方案制定、师资队伍建设、专业规划、课程设置、教材开发、教学设计、教学实施、质量评价、科学研究、技术服务、科技成果转化以及技术技能创新平台、专业化技术转移机构、实习实训基地建设等方面，与相关行业组织、企业、事业单位等建立合作机制。开展合作的，应当签订协议，明确双方权利义务。

第四十一条　职业学校、职业培训机构开展校企合作、提供社会服务或者以实习实训为目的举办企业、开展经营活动取得的收入用于改善办学条件；收入的一定比例可以用于支付教师、企业专家、外聘人员和受教育者的劳动报酬，也可以作为绩效工资来源，符合国家规定的可以不受绩效工资总量限制。

职业学校、职业培训机构实施前款规定的活动，符合国家有关规定的，享受相关税费优惠政策。

第四十二条　职业学校按照规定的收费标准和办法，收取学费和其他必要费用；符合国家规定条件的，应当予以减免；不得以介绍工作、安排实习实训等名义违法收取费用。

职业培训机构、职业学校面向社会开展培训的，按照国家有关规定收取费用。

第四十三条　职业学校、职业培训机构应当建立健全教育质量评价制度，吸纳行业组织、企业等参与评价，并及时公开相关信息，接受教育督导和社会监督。

县级以上人民政府教育行政部门应当会同有关部门、行业组织建立符合职业教育特点的质量评价体系，组织或者委托行业组织、企业和第三方专业机构，对职业学校的办学质量进行评估，并将评估结果及时公开。

职业教育质量评价应当突出就业导向，把受教育者的职业道德、技术技能水平、就业质量作为重要指标，引导职业学校培养高素质技术技能人才。

有关部门应当按照各自职责，加强对职业学校、职业培训机构的监督管理。

第五章　职业教育的教师与受教育者

第四十四条　国家保障职业教育教师的权利，提高其专业素质与社会地位。

县级以上人民政府及其有关部门应当将职业教育教师的培养培训工作纳入教师队伍建设规划，保证职业教育教师队伍适应职业教育发展的需要。

第四十五条　国家建立健全职业教育教师培养培训体系。

各级人民政府应当采取措施，加强职业教育教师专业化培养培训，鼓励设立专门的职业教育师范院校，支持高等学校设立相关专业，培养职业教育教师；鼓励行业组织、企业共同参与职业教育教师培养培训。

产教融合型企业、规模以上企业应当安排一定比例的岗位，接纳职业学校、职业培训机构教师实践。

第四十六条 国家建立健全符合职业教育特点和发展要求的职业学校教师岗位设置和职务（职称）评聘制度。

职业学校的专业课教师（含实习指导教师）应当具有一定年限的相应工作经历或者实践经验，达到相应的技术技能水平。

具备条件的企业、事业单位经营管理和专业技术人员，以及其他有专业知识或者特殊技能的人员，经教育教学能力培训合格的，可以担任职业学校的专职或者兼职专业课教师；取得教师资格的，可以根据其技术职称聘任为相应的教师职务。取得职业学校专业课教师资格可以视情况降低学历要求。

第四十七条 国家鼓励职业学校聘请技能大师、劳动模范、能工巧匠、非物质文化遗产代表性传承人等高技能人才，通过担任专职或者兼职专业课教师、设立工作室等方式，参与人才培养、技术开发、技能传承等工作。

第四十八条 国家制定职业学校教职工配备基本标准。省、自治区、直辖市应当根据基本标准，制定本地区职业学校教职工配备标准。

县级以上地方人民政府应当根据教职工配备标准、办学规模等，确定公办职业学校教职工人员规模，其中一定比例可以用于支持职业学校面向社会公开招聘专业技术人员、技能人才担任专职或者兼职教师。

第四十九条 职业学校学生应当遵守法律、法规和学生行为规范，养成良好的职业道德、职业精神和行为习惯，努力学习，完成规定的学习任务，按照要求参加实习实训，掌握技术技能。

职业学校学生的合法权益，受法律保护。

第五十条 国家鼓励企业、事业单位安排实习岗位，接纳职业学校和职业培训机构的学生实习。接纳实习的单位应当保障学生在实习期间按照规定享受休息休假、获得劳动安全卫生保护、参加相关保险、接受职业技能指导等权利；对上岗实习的，应当签订实习协议，给予适当的劳动报酬。

职业学校和职业培训机构应当加强对实习实训学

生的指导，加强安全生产教育，协商实习单位安排与学生所学专业相匹配的岗位，明确实习实训内容和标准，不得安排学生从事与所学专业无关的实习实训，不得违反相关规定通过人力资源服务机构、劳务派遣单位，或者通过非法从事人力资源服务、劳务派遣业务的单位或个人组织、安排、管理学生实习实训。

第五十一条 接受职业学校教育，达到相应学业要求，经学校考核合格的，取得相应的学业证书；接受职业培训，经职业培训机构或者职业学校考核合格的，取得相应的培训证书；经符合国家规定的专门机构考核合格的，取得相应的职业资格证书或者职业技能等级证书。

学业证书、培训证书、职业资格证书和职业技能等级证书，按照国家有关规定，作为受教育者从业的凭证。

接受职业培训取得的职业技能等级证书、培训证书等学习成果，经职业学校认定，可以转化为相应的学历教育学分；达到相应职业学校学业要求的，可以取得相应的学业证书。

接受高等职业学校教育，学业水平达到国家规定的学位标准的，可以依法申请相应学位。

第五十二条 国家建立对职业学校学生的奖励和资助制度，对特别优秀的学生进行奖励，对经济困难的学生提供资助，并向艰苦、特殊行业等专业学生适当倾斜。国家根据经济社会发展情况适时调整奖励和资助标准。

国家支持企业、事业单位、社会组织及公民个人按照国家有关规定设立职业教育奖学金、助学金，奖励优秀学生，资助经济困难的学生。

职业学校应当按照国家有关规定从事业收入或者学费收入中提取一定比例资金，用于奖励和资助学生。

省、自治区、直辖市人民政府有关部门应当完善职业学校资助资金管理制度，规范资助资金管理使用。

第五十三条 职业学校学生在升学、就业、职业发展等方面与同层次普通学校学生享有平等机会。

高等职业学校和实施职业教育的普通高等学校应当在招生计划中确定相应比例或者采取单独考试办法，专门招收职业学校毕业生。

各级人民政府应当创造公平就业环境。用人单位不得设置妨碍职业学校毕业生平等就业、公平竞争的报考、录用、聘用条件。机关、事业单位、国有企业在招录、招聘技术技能岗位人员时，应当明确技术技能要求，将技术技能水平作为录用、聘用的重要条件。事业单位公开招聘中有职业技能等级要求的岗位，可以适当降低学历要求。

第六章　职业教育的保障

第五十四条　国家优化教育经费支出结构，使职业教育经费投入与职业教育发展需求相适应，鼓励通过多种渠道依法筹集发展职业教育的资金。

第五十五条　各级人民政府应当按照事权和支出责任相适应的原则，根据职业教育办学规模、培养成本和办学质量等落实职业教育经费，并加强预算绩效管理，提高资金使用效益。

省、自治区、直辖市人民政府应当制定本地区职业学校生均经费标准或者公用经费标准。职业学校举办者应当按照生均经费标准或者公用经费标准按时、足额拨付经费，不断改善办学条件。不得以学费、社会服务收入冲抵生均拨款。

民办职业学校举办者应当参照同层次职业学校生均经费标准，通过多种渠道筹措经费。

财政专项安排、社会捐赠指定用于职业教育的经费，任何组织和个人不得挪用、克扣。

第五十六条 地方各级人民政府安排地方教育附加等方面的经费，应当将其中可用于职业教育的资金统筹使用；发挥失业保险基金作用，支持职工提升职业技能。

第五十七条 各级人民政府加大面向农村的职业教育投入，可以将农村科学技术开发、技术推广的经费适当用于农村职业培训。

第五十八条 企业应当根据国务院规定的标准，按照职工工资总额一定比例提取和使用职工教育经费。职工教育经费可以用于举办职业教育机构、对本单位的职工和准备招用人员进行职业教育等合理用途，其中用于企业一线职工职业教育的经费应当达到国家规定的比例。用人单位安排职工到职业学校或者职业培训机构接受职业教育的，应当在其接受职业教育期间依法支付工资，保障相关待遇。

企业设立具备生产与教学功能的产教融合实习实训基地所发生的费用，可以参照职业学校享受相应的用地、公用事业费等优惠。

第五十九条 国家鼓励金融机构通过提供金融服务支持发展职业教育。

第六十条 国家鼓励企业、事业单位、社会组织及公民个人对职业教育捐资助学，鼓励境外的组织和个人对职业教育提供资助和捐赠。提供的资助和捐赠，必须用于职业教育。

第六十一条 国家鼓励和支持开展职业教育的科学技术研究、教材和教学资源开发，推进职业教育资源跨区域、跨行业、跨部门共建共享。

国家逐步建立反映职业教育特点和功能的信息统计和管理体系。

县级以上人民政府及其有关部门应当建立健全职业教育服务和保障体系，组织、引导工会等群团组织、行业组织、企业、学校等开展职业教育研究、宣传推广、人才供需对接等活动。

第六十二条 新闻媒体和职业教育有关方面应当积极开展职业教育公益宣传，弘扬技术技能人才成长成才典型事迹，营造人人努力成才、人人皆可成才、人人尽展其才的良好社会氛围。

第七章 法律责任

第六十三条 在职业教育活动中违反《中华人民

共和国教育法》、《中华人民共和国劳动法》等有关法律规定的，依照有关法律的规定给予处罚。

第六十四条 企业未依照本法规定对本单位的职工和准备招用的人员实施职业教育、提取和使用职工教育经费的，由有关部门责令改正；拒不改正的，由县级以上人民政府收取其应当承担的职工教育经费，用于职业教育。

第六十五条 职业学校、职业培训机构在职业教育活动中违反本法规定的，由教育行政部门或者其他有关部门责令改正；教育教学质量低下或者管理混乱，造成严重后果的，责令暂停招生、限期整顿；逾期不整顿或者经整顿仍达不到要求的，吊销办学许可证或者责令停止办学。

第六十六条 接纳职业学校和职业培训机构学生实习的单位违反本法规定，侵害学生休息休假、获得劳动安全卫生保护、参加相关保险、接受职业技能指导等权利的，依法承担相应的法律责任。

职业学校、职业培训机构违反本法规定，通过人力资源服务机构、劳务派遣单位或者非法从事人力资源服务、劳务派遣业务的单位或个人组织、安排、管理学生实习实训的，由教育行政部门、人力资源社会保障行政部门或者其他有关部门责令改正，没收违法所得，并处违法所得一倍以上五倍以下的罚款；违法所得不足一万元的，按一万元计算。

对前款规定的人力资源服务机构、劳务派遣单位或者非法从事人力资源服务、劳务派遣业务的单位或个人，由人力资源社会保障行政部门或者其他有关部门责令改正，没收违法所得，并处违法所得一倍以上五倍以下的罚款；违法所得不足一万元的，按一万元计算。

第六十七条 教育行政部门、人力资源社会保障行政部门或者其他有关部门的工作人员违反本法规定，滥用职权、玩忽职守、徇私舞弊的，依法给予处分；构成犯罪的，依法追究刑事责任。

第八章 附 则

第六十八条 境外的组织和个人在境内举办职业学校、职业培训机构，适用本法；法律、行政法规另有规定的，从其规定。

第六十九条 本法自 2022 年 5 月 1 日起施行。

关于《中华人民共和国职业教育法（修订草案）》的说明

——2021年6月7日在第十三届全国人民代表大会常务委员会第二十九次会议上

教育部部长　陈宝生

全国人民代表大会常务委员会：

我受国务院的委托，现对《中华人民共和国职业教育法（修订草案）》作说明。

一、修订的背景和过程

职业教育是国民教育体系和人力资源开发的重要组成部分，是培养多样化人才、传承技术技能、促进就业创业的重要途径。党中央、国务院高度重视职业教育改革发展。习近平总书记强调，要把职业教育摆在更加突出的位置，优化职业教育类型定位，深入推进育人方式、办学模式、管理体制、保障机制改革，增强职业教育适应性，加快构建现代职业教育体系，培养更多高素质技术技能人才、能工巧匠、大国工匠，为促进经济社会发展和提高国家竞争力提供优质人才资源支撑。李克强总理要求，要瞄准技术变革和产业优化升级的方向，推进产教融合、校企合作，吸引更多青年接受职业技能教育，促进教育链、人才链与产业链、创新链有效衔接，努力培养数以亿计的高素质技术技能人才。

现行职业教育法于 1996 年公布施行，对发展职业教育、提高劳动者素质、推动经济社会发展发挥了积极作用。随着我国进入新发展阶段，职业教育发展面临新形势、新要求。与建设现代化经济体系、建设教育强国的要求相比，我国职业教育还存在体系建设不够完善、企业参与办学动力不足、办学和人才培养质量参差不齐等问题。党的十九大报告提出，要完善职业教育和培训体系，深化产教融合、校企合作。国务院先后印发了《关于加快发展现代职业教育的决定》、《国家职业教育改革实施方案》等文件，就职业教育改革发展出台一系列政策举措。为深入贯彻习近平总书记重要指示批示精神和党中央、国务院决策部署，解决职业教育领域突出问题，有必要对现行职业教育法进行修订。

教育部在深入调研的基础上，研究起草了《中华人民共和国职业教育法修订草案（送审稿）》(以下简称送审稿)，于2020年8月28日报请国务院审议。司法部收到此件后，书面征求了中央有关部门、省级人民政府以及部分研究机构、行业协会、职业院校、专家学者等方面的意见，召开了职业院校、专家代表座谈会，赴贵州开展实地调研，广泛听取各方意见。在此基础上，司法部会同教育部对送审稿反复研究、修改，形成了《中华人民共和国职业教育法（修订草案）》(以下简称草案)。2021年3月24日，国务院第128次常务会议讨论并原则通过了草案。

二、修订的总体思路

草案主要把握了以下几点：**一是**将习近平总书记重要指示批示精神和党中央、国务院关于职业教育改革发展的政策举措转化为法律规范，确保改革举措落地见效；**二是**聚焦职业教育领域热点难点问题，着力解决突出问题，推进依法治理；**三是**结合职业教育改革发展实际，将实践成果上升为法律规范，并为进一步深化职业教育改革提供法律基础。

三、修订的主要内容

草案共8章58条，主要对现行职业教育法作了以下修改：

（一）加强党对职业教育的领导。依照《中共中央关于加强党的政治建设的意见》精神，增加规定：实施职业教育必须坚持中国共产党的领导，坚持社会主义办学方向；公办职业学校实行中国共产党职业学校基层组织领导的校长负责制，民办职业学校依法健全决策机制，强化学校的中国共产党基层组织政治功能，保证其在学校重大事项决策、监督、执行各环节有效发挥作用。

（二）完善职业教育管理体制。规定：职业教育实行分级管理、地方为主、政府统筹、行业指导、社会参与的管理体制；国务院教育行政部门负责职业教育工作的统筹规划、综合协调、宏观管理，国务院有关部门在职责范围内分别负责有关的职业教育工作；省级人民政府应当加强对本行政区域内职业教育工作的领导、统筹协调和督导评估。

（三）完善职业教育体系。**一是**明确职业教育的内涵。规定：职业教育是指为了使受教育者具备从事某种职业或者职业发展所需要的职业道德、科学文化与专业知识、技术技能等综合素质而实施的教育活动。**二是**明确职业教育的定位和实施原则。规定：职业教育与普通教育是不同教育类型，具有同等重要地位；实施职业教育以促进就业为导向，坚持产教融合、校企合作、工学结合、知行合一。**三是**明确现代职业教育体系框架。规定：国家建立健全职业学校教育和职业培训并重，职业教育与普通教育相互融通，初级、中级、高级职业教育有效贯通的现代职业教育体系；推进职业教育国家“学分银行”建设，促进各级各类学校教育与职业培训以及其他职业教育学习成果认定、积累和转换，建立完善国家资历框架，使职业教育与普通教育的学习成果融通、互认。

（四）推动多元办学。**一是**强化政府统筹和行业指导职责。增加规定：国家根据产业布局和行业发展需要，支持高水平职业学校、专业建设；县级人民政府根据县域经济社会发展需要设立职业教育中心学校；政府行业主管部门、行业组织可以参与制定本行业职业教育相关标准，开展人才需求预测、职业生涯发展研究。**二是**发挥企业职业教育主体作用。规定：鼓励有条件的企业根据自身生产经营需求，利用资本、技术等要素，单独举办或者联合举办职业学校、职业培训机构；企业按照国家有关规定实行培训上岗制度。**三是**支持社会力量办学。规定：地方各级人民政府可以采取购买服务等措施对民办职业学校和职业培训机构予以扶持；依法支持社会力量参与联合办学，举办股份制、混合所有制职业学校、职业培训机构。

（五）提升职业教育质量和水平。**一是**扩大职业学校办学自主权。规定：职业学校依法办学、依据章程自主管理，可以根据产业需求，依法自主设置专业，制定人才培养方案，选用或者编写专业课程教材，设置教学过程和学习制度；国家建立符合职业教育特点的考试招生制度。**二是**促进产教融合、校企合作。规定：国家推行学徒制度，鼓励企业与职业学校、职业培训机构合作进行学徒培训；对深度参与产教融合、校企合作，在提升技术技能人才培养质量、促进就业中发挥重要主体作用的企业，按照国家有关规定予以奖励、支持；鼓励职业学校在招生就业、培养方案制定、师资队伍建设等方面与相关行业组织、企业、事业单位等建立合作机制。**三是**健全职业教育社会评价机制。规定：职业学校、职业培训机构应当建立健全教育质量的评价制度，吸纳行业组织、企业参与评价，职业教育质量评价应当突出就业导向。

（六）加强对职业教育的支持和保障。**一是**加强职业教育教师队伍建设。规定：国家健全完善符合职业教育特点和发展要求的职业学校教师岗位设置和职务（职称）评聘制度，建立职业教育教师培养培训体系，制定职业学校教职工配备基本标准；职业学校的专业课教师、实习指导教师应当具有一定年限相应工作经历或者实践经验，达到相应技术技能水平；鼓励职业学校聘请技能大师、非物质文化遗产传承人等高技能人才专职或兼职担任专业教师。**二是**健全职业教育经费投入机制。增加规定：各级人民政府应当建立与职业教育办学规模、培养成本和办学质量等相适应的财政投入制度，加强预算绩效管理，提高资金使用效益；地方各级人民政府安排地方教育附加等方面的经费，应当将其中可用于职业教育的资金统筹使用。**三是**营造促进职业教育发展的社会氛围。规定：国家采取措施，提高技术技能人才的社会地位和待遇，对在职业教育工作中作出显著成绩的单位和个人给予奖励，并把每年 5 月第 2 周确定为职业教育活动周。

此外，草案还完善了相关法律责任。

草案和以上说明是否妥当，请审议。

全国人民代表大会宪法和法律委员会关于《中华人民共和国职业教育法（修订草案）》修改情况的汇报

全国人民代表大会常务委员会：

常委会第二十九次会议对职业教育法修订草案进行了初次审议。会后，法制工作委员会将修订草案印发中央有关单位、各省（区、市）和设区的市人大、基层立法联系点、有关企业、学校和部分全国人大代表等征求意见；在中国人大网全文公布修订草案，征求社会公众意见。宪法和法律委员会、教育科学文化卫生委员会、法制工作委员会联合召开座谈会，听取部分全国人大代表和有关部门、企业、学校、专家等的意见。宪法和法律委员会、法制工作委员会还到黑龙江、天津、北京调研，召开基层立法联系点视频座谈会，听取有关方面意见，并就修订草案中的主要问题与有关部门交换意见，共同研究。宪法和法律委员会于 11 月 10 日召开会议，根据常委会组成人员的审议意见和各方面的意见，对修订草案进行了逐条审议。教育科学文化卫生委员会、司法部、教育部、人力资源和社会保障部有关负责同志列席了会议。11 月 30 日，宪法和法律委员会召开会议，再次进行了审议。现将职业教育法修订草案主要问题的修改情况汇报如下：

一、有些常委委员建议准确界定职业教育，突出职业教育特色。宪法和法律委员会经研究，建议在职业教育的内涵中明确“培养技术技能人才”的目标。

二、有些常委委员、部门和社会公众提出，修订草案第四条中关于职业教育工作要求的表述不够准确、全面，建议与有关文件表述相衔接。宪法和法律委员会经研究，建议将有关规定修改为：职业教育活动必须“坚持立德树人、德技并修，坚持产教融合、校企合作，坚持面向市场、促进就业，坚持面向实践、强化能力，坚持面向人人、因材施教”。

三、有些常委委员、部门和地方建议完善职业教育工作机制，加强统筹协调。宪法和法律委员会经研究，建议增加以下规定：一是国务院建立职业教育工作协调机制，统筹协调全国职业教育工作。二是县级以上地方人民政府有关部门应当加强沟通配合，共同推进职业教育工作。

四、有些常委会组成人员、地方建议加大对农村职业教育支持力度，助力乡村振兴。宪法和法律委员会经研究，建议作以下修改：一是增加规定，国家支持举办面向农村的职业教育，组织开展农业技能培训、返乡创业就业培训和职业技能培训，培养高素质农民等乡村振兴人才。二是恢复现行法规定，明确各级人民政府可以将农村科学技术开发、技术推广的经费，适当用于农村职业教育。

五、有些常委委员、代表和地方建议根据有关文件精神，对积极开展职业教育的企业进一步明确相关支持和引导措施。宪法和法律委员会经研究，建议增加以下规定：一是对产教融合型企业，按照国家有关规定给予金融、财政、土地、信用等支持，享受税费优惠。二是引导企业按岗位总量的一定比例设立学徒岗位。三是县级以上人民政府及其有关部门组织、引导工会等群团组织、行业组织、企业、学校等开展人才供需对接等活动。

六、有的常委委员建议优化职业教育学生升学就业的社会环境，树立正确用人导向。宪法和法律委员会经研究，建议增加以下规定：一是高等职业学校和实施职业教育的普通高等学校应当在招生计划中确定相应比例或者采取单独考试办法，专门招收职业学校毕业生。二是机关、事业单位、国有企业在招录、招聘技术技能岗位人员时，应当明确技术技能要求，将技术技能水平作为录用、聘用的重要条件。

七、有的常委委员、部门、地方和基层立法联系点建议坚持问题导向，进一步加强职业教育经费保障。宪法和法律委员会经研究，建议作以下修改：一是明确各级人民政府应当按照事权和支出责任相适应的原则，根据职业教育办学规模、培养成本和办学质量等落实职业教育经费。二是增加规定，不得以学费、社会服务收入冲抵生均拨款。

此外，还对修订草案作了一些文字修改。

修订草案二次审议稿已按上述意见作了修改，宪法和法律委员会建议提请本次常委会会议继续审议。

修订草案二次审议稿和以上汇报是否妥当，请审议。

全国人民代表大会宪法和法律委员会

2021 年 12 月 20 日

全国人民代表大会宪法和法律委员会关于《中华人民共和国职业教育法（修订草案）》审议结果的报告

全国人民代表大会常务委员会：

常委会第三十二次会议对职业教育法修订草案进行了二次审议。会后，法制工作委员会在中国人大网公布修订草案二次审议稿，征求社会公众意见；召开座谈会，听取职业学校和培训机构、教师、学生的意见；研究十三届全国人大五次会议期间代表所提议案、建议及有关意见；就修订草案中的主要问题与有关部门交换意见，共同研究。前不久，栗战书委员长赴安徽调研，听取职业学校师生、企业代表和有关部门负责人的意见。宪法和法律委员会于3月22日召开会议，根据委员长会议精神、常委会组成人员审议意见和各方面的意见，对修订草案进行了审议。教育科学文化卫生委员会、司法部、教育部有关负责同志列席了会议。4月12日，宪法和法律委员会召开会议，再次进行了审议。宪法和法律委员会认为，为了完善职业教育制度体系，推动职业教育高质量发展，对职业教育法进行修订是必要的，修订草案经过两次审议修改，已经比较成熟。同时，提出以下主要修改意见：

一、有些常委会组成人员、地方建议进一步突出职业教育的就业导向，加快培养技术技能人才。宪法和法律委员会经研究，建议作以下修改：一是在立法目的中增加“促进就业创业”、建设“技能型社会”。二是明确职业教育“为全面建设社会主义现代化国家提供有力人才和技能支撑”。三是增加规定，国家采取措施，加快培养学前教育、护理、康养、家政等方面技术技能人才。四是增加规定，职业学校应当建立健全就业创业促进机制，采取多种形式为学生提供职业规划、职业体验、求职指导等就业创业服务，增强学生就业创业能力。

二、有些常委会组成人员提出，教育应当坚持立德树人，建议将社会主义核心价值观进一步融入职业教育，加强校风学风建设，提高培养质量。宪法和法律委员会经研究，建议作以下修改：一是明确实施职业教育应当弘扬社会主义核心价值观，培育劳模精神、劳动精神、工匠精神。二是增加规定，职业学校应当加强校风学风、师德师风建设，营造良好学习环境，保证教育教学质量。

三、有些常委会组成人员、地方和社会公众建议进一步建立健全现代职业教育体系，推动职业教育与普通教育相互融通、不同层次职业教育相互贯通。宪法和法律委员会经研究，建议作以下修改：一是明确高等职业学校教育由专科、本科及以上教育层次的高等职业学校和普通高等学校实施。二是增加鼓励支持普通中小学、普通高等学校开展职业规划指导的内容。三是明确中等职业学校可以按照国家有关规定，在有关专业实行与高等职业学校教育的贯通招生和培养。四是增加规定，省级以上人民政府教育行政部门会同同级人民政府有关部门建立职业教育统一招生平台，汇总发布实施职业教育的学校及其专业设置、招生情况等信息，提供查询、报考等服务。五是接受高等职业学校教育，学业水平达到国家规定的学位标准的，可以依法申请相应学位。

四、有些常委会组成人员、地方建议进一步发挥企业在职业教育中的重要主体作用，深化产教融合，增强相关政策措施的可操作性，同时进一步完善有关工作机制。宪法和法律委员会经研究，建议作以下修改：一是在总则中强调职业教育实行“校企合作”，并进一步明确，国家发挥企业的重要办学主体作用，推动企业深度参与职业教育，鼓励企业举办高质量职业教育。二是明确行业主管部门定期发布人才需求信息。三是明确企业可以设置专职或者兼职实施职业教育的岗位，企业开展职业教育的情况应当纳入企业社会责任报告。四是明确对产教融合型企业落实教育费附加、地方教育附加减免及其他税费优惠。五是增加规定，企业与职业学校联合招收学生，以工学结合的方式进行学徒培养的，应当签订学徒培养协议。有关企业可以按照规定享受补贴。六是明确鼓励行业组织、企业等参与职业教育专业教材开发，将新技术、新工艺、新理念纳入职业学校教材，并可以通过活页式教材等多种方式进行动态更新。

五、有些常委会组成人员、地方和社会公众建议提升职业教育社会认可度，营造有利于职业教育发展的良好环境。宪法和法律委员会经研究，建议增加以下规定：一是国家通过组织开展职业技能竞赛等活动，为技术技能人才提供展示技能、切磋技艺的平台，持续培养更多高素质技术技能人才、能工巧匠和大国工匠。二是事业单位公开招聘中有职业技能等级要求的岗位，可以适当降低学历要求。三是新闻媒体和职业教育有关方面应当积极开展职业教育公益宣传，弘扬技术技能人才成长成才典型事迹，营造人人努力成才、人人皆可成才、人人尽展其才的良好社会氛围。

六、有些常委会组成人员、代表和社会公众建议完善职业教育保障制度和措施，发挥失业保险基金支持稳岗和培训的作用，对职业教育给予必要的扶持和补助，同时，加强监督管理，规范办学行为。宪法和法律委员会经研究，建议作以下修改：一是明确国家优化教育经费支出结构，使职业教育经费投入与职业教育发展需求相适应。二是增加规定，发挥失业保险基金作用，支持职工提升职业技能。三是明确企业职工教育经费中用于企业一线职工职业教育的经费应当达到国家规定的比例。四是明确对企业和其他社会力量依法举办的非营利性职业学校和职业培训机构，可以参照同级同类公办学校生均经费等相关经费标准和支持政策给予适当补助。五是明确职业学校、职业培训机构开展校企合作等活动取得的收入的一定比例可以作为绩效工资来源，符合国家规定的可以不受绩效工资总量限制。六是明确职业学校、职业培训机构应当接受教育督导，职业学校校长行使职权依法接受监督，职业学校不得以介绍工作、安排实习实训等名义违法收取费用。

七、有些常委会组成人员提出，接受职业教育对提高残疾人就业创业能力、促进残疾人就业和全面发展具有重要作用，建议进一步充实残疾人职业教育相关规定。宪法和法律委员会经研究，建议作以下修改：一是明确职业学校和职业培训机构及其他教育机构应当加强无障碍环境建设，为残疾学生学习、生活提供必要的帮助和便利。二是增加规定，从事残疾人职业教育的特殊教育教师按照规定享受特殊教育津贴。

此外，还对修订草案二次审议稿作了一些文字修改。

3 月 31 日，法制工作委员会召开会议，邀请部分全国人大代表、地方有关部门、职业学校、职业培训机构以及专家学者等就修订草案中主要制度规范的可行性、出台时机、实施的社会效果和可能出现的问题等进行评估。与会人员普遍认为，修订草案深入贯彻落实习近平总书记关于职业教育的重要指示和党中央决策部署，总结实践经验，坚持问题导向，完善职业教育制度体系，对推动职业教育高质量发展，建设教育强国、人力资源强国和技能型社会具有重要意义。

修订草案经过修改，充分吸收了各方面意见，已经比较成熟，在当前形势下出台正当其时，建议尽快审议通过。与会人员还对修订草案提出了一些具体修改意见，宪法和法律委员会进行了认真研究，对有的意见予以采纳。

修订草案三次审议稿已按上述意见作了修改，宪法和法律委员会建议提请本次常委会会议审议通过。

修订草案三次审议稿和以上报告是否妥当，请审议。

全国人民代表大会宪法和法律委员会

2022年4月18日

全国人民代表大会宪法和法律委员会关于《中华人民共和国职业教育法（修订草案三次审议稿）》修改意见的报告

全国人民代表大会常务委员会：

本次常委会会议于4月18日下午对职业教育法修订草案三次审议稿进行了分组审议。普遍认为，修订草案已经比较成熟，建议进一步修改后，提请本次常委会会议表决通过。同时，有些常委会组成人员和列席人员还提出了一些修改意见和建议。宪法和法律委员会于4月18日晚召开会议，逐条研究了常委会组成人员和列席人员的审议意见，对修订草案进行了审议。教育科学文化卫生委员会、司法部、教育部、人力资源和社会保障部有关负责同志列席了会议。宪法和法律委员会认为，修订草案是可行的，同时，提出以下修改意见：

一、有的常委委员提出，职业教育专业目录、职业教育教学标准等应当进一步体现职业教育特色，更好适应经济社会发展需要。宪法和法律委员会经研究，建议在有关部门制定完善目录、标准的规定中增加“根据经济社会发展需要和职业教育特点”的要求。

二、有的常委委员建议适应培养先进制造等方面的技术技能人才的需要，加强相关专业建设。宪法和法律委员会经研究，建议在有关规定中增加大力发展先进制造等产业需要的新兴专业的内容，并将“学前教育”修改为“托育”。

三、有的常委委员提出，针对一些职业学校、职业培训机构办学不规范的问题，有关部门要进一步加强监管，予以规范。宪法和法律委员会经研究，建议增加规定：“有关部门应当按照各自职责，加强对职业学校、职业培训机构的监督管理。”

四、有的常委会组成人员建议进一步完善职业学校学生权益保护的规定。宪法和法律委员会经研究，建议增加规定：“职业学校学生的合法权益，受法律保护。”

在常委会审议中，有些常委会组成人员还就发展职业教育、完善有关制度提出了一些具体意见，如设置专项资金、增加税收优惠措施、明确校企合作协议的内容、实施职业培训师制度、明确学徒培训的期限等。有些常委会组成人员还建议有关方面抓紧制定配套规定，加强法律宣传。宪法和法律委员会经研究认为，上述意见建议涉及的问题，有的已在本法和相关法律、行政法规中作了规定，今后还可进一步完善；有的可由有关部门和地方制定配套规定，进一步予以明确；有的还需要在实践中继续探索，逐步完善。宪法和法律委员会建议，国务院及其有关部门认真研究常委会组成人员的上述意见建议，做好法律宣传，抓紧清理不利于职业教育发展的规定，及时出台配套规定，进一步完善职业教育制度体系，充分发挥各有关方面的积极作用，加强协作配合，切实保障法律的贯彻实施。

经与有关部门研究，建议将修订后的职业教育法的施行时间确定为 2022 年 5 月 1 日。

此外，根据常委会组成人员的审议意见，还对修订草案三次审议稿作了一些文字修改。

修订草案修改稿已按上述意见作了修改，宪法和法律委员会建议本次常委会会议审议通过。

修订草案修改稿和以上报告是否妥当，请审议。

全国人民代表大会宪法和法律委员会

2022 年 4 月 19 日

《中华人民共和国职业教育法》新旧对照表

（左栏阴影部分为删去内容，右栏黑体字为修改部分）

修改前	现行法
目　　录 第一章　总　则 第二章　职业教育体系 第三章　职业教育的实施 第四章　职业教育的保障条件 第五章　附　则	目　　录 第一章　总　则 第二章　职业教育体系 第三章　职业教育的实施 **第四章　职业学校和职业培训机构** **第五章　职业教育的教师与受教育者** 第六章　职业教育的保障 **第七章　法律责任** 第八章　附　则
第一章　总　则	**第一章　总　则**
第一条　为了实施科教兴国战略，发展职业教育，提高劳动者素质，促进社会主义现代化建设，根据教育法和劳动法，制定本法。	**第一条**　为了**推动职业教育高质量发展**，提高劳动者素质**和技术技能水平，促进就业创业，建设教育强国、人力资源强国和技能型社会，推进**社会主义现代化建设，根据**宪法**，制定本法。
第二条　本法适用于各级各类职业学校教育和各种形式的职业培训。国家机关实施的对国家机关工作人员的专门培训由法律、行政法规另行规定。	**第二条**　本法**所称职业教育，是指为了培养高素质技术技能人才，使受教育者具备从事某种职业或者实现职业发展所需要的职业道德、科学文化与专业知识、技术技能等职业综合素质和行动能力而实施的教**

修改前	现行法
	育，包括职业学校教育和职业培训。 机关、**事业单位**对其工作人员**实施**的专门培训由法律、行政法规另行规定。
第三条 职业教育是国家教育事业的重要组成部分，是促进经济、社会发展和劳动就业的重要途径。 国家发展职业教育，推进职业教育改革，提高职业教育质量，建立、健全适应社会主义市场经济和社会进步需要的职业教育制度。	**第三条** 职业教育是**与普通教育具有同等重要地位的教育类型，是国民教育体系和人力资源开发的重要组成部分，是培养多样化人才、传承技术技能、促进就业创业的**重要途径。 国家**大力**发展职业教育，推进职业教育改革，提高职业教育质量，**增强职业教育适应性，**建立健全适应社会主义市场经济和社会**发展**需要、**符合技术技能人才成长规律**的职业教育制度**体系，为全面建设社会主义现代化国家提供有力人才和技能支撑。**
第四条 实施职业教育必须贯彻国家教育方针，对受教育者进行思想政治教育和职业道德教育，传授职业知识，培养职业技能，进行职业指导，全面提高受教育者的素质。	**第四条** 职业教育必须**坚持中国共产党的领导，坚持社会主义办学方向，**贯彻国家的教育方针，**坚持立德树人、德技并修，坚持产教融合、校企合作，坚持面向市场、促进就业，坚持面向实践、强化能力，坚持面向人人、因材施教。** **实施职业教育应当弘扬社会主义核心价值观，**对受教育者进行思想政治教育和职业道德教育，**培育劳模精神、劳动精神、工匠精神，传授科学文化与专业**知识，培养**技术**技能，进行职业指导，全面提高受教育者的素质。

修改前	现行法
第五条 公民有依法接受职业教育的权利。	**第五条** 公民有依法接受职业教育的权利。
	第六条 职业教育实行政府统筹、分级管理、地方为主、行业指导、校企合作、社会参与。
第六条第一款 各级人民政府应当将发展职业教育纳入国民经济和社会发展规划。	**第七条** 各级人民政府应当将发展职业教育纳入国民经济和社会发展规划，**与促进就业创业和推动发展方式转变、产业结构调整、技术优化升级等整体部署、统筹实施。**
第十一条 国务院教育行政部门负责职业教育工作的统筹规划、综合协调、宏观管理。 国务院教育行政部门、劳动行政部门和其他有关部门在国务院规定的职责范围内，分别负责有关的职业教育工作。 县级以上地方各级人民政府应当加强对本行政区域内职业教育工作的领导、统筹协调和督导评估。	**第八条 国务院建立职业教育工作协调机制，统筹协调全国职业教育工作。** 国务院教育行政部门负责职业教育工作的统筹规划、综合协调、宏观管理。国务院教育行政部门、**人力资源社会保障行政部门**和其他有关部门在国务院规定的职责范围内，分别负责有关的职业教育工作。 **省、自治区、直辖市**人民政府应当加强对本行政区域内职业教育工作的领导，**明确设区的市、县级人民政府职业教育具体工作职责，统筹协调职业教育发展，组织开展**督导评估。 **县级以上地方人民政府有关部门应当加强沟通配合，共同推进职业教育工作。**
第六条第二款 行业组织和企业、事业组织应当依法履行实施职业教育的义务。	**第九条 国家鼓励发展多种层次和形式的职业教育，推进多元办学，支持社会力量广泛、平等参与职**

修改前	现行法
	业教育。 国家发挥企业的重要办学主体作用，推动企业深度参与职业教育，鼓励企业举办高质量职业教育。 有关行业主管部门、工会和中华职业教育社等群团组织、行业组织、企业、事业单位等应当依法履行实施职业教育的义务，参与、支持或者开展职业教育。
第七条 国家采取措施，发展农村职业教育，扶持少数民族地区、边远贫困地区职业教育的发展。 国家采取措施，帮助妇女接受职业教育，组织失业人员接受各种形式的职业教育，扶持残疾人职业教育的发展。	第十条 国家采取措施，大力发展技工教育，全面提高产业工人素质。 国家采取措施，支持举办面向农村的职业教育，组织开展农业技能培训、返乡创业就业培训和职业技能培训，培养高素质乡村振兴人才。 国家采取措施，扶持革命老区、民族地区、边远地区、欠发达地区职业教育的发展。 国家采取措施，组织各类转岗、再就业、失业人员以及特殊人群等接受各种形式的职业教育，扶持残疾人职业教育的发展。 国家保障妇女平等接受职业教育的权利。
第八条 实施职业教育应当根据实际需要，同国家制定的职业分类和职业等级标准相适应，实行学历证书、培训证书和职业资格证书制度。 国家实行劳动者在就业前或者上岗前接受必要的职业教育的制度。	第十一条 实施职业教育应当根据经济社会发展需要，结合职业分类、职业标准、职业发展需求，制定教育标准或者培训方案，实行学历证书及其他学业证书、培训证书、职业资格证书和职业技能等级证书制度。

修改前	现行法
	国家实行劳动者在就业前或者上岗前接受必要的职业教育的制度。
第十条　国家对在职业教育中作出显著成绩的单位和个人给予奖励。	**第十二条　国家采取措施，提高技术技能人才的社会地位和待遇，弘扬劳动光荣、技能宝贵、创造伟大的时代风尚。** 国家对在职业教育**工作**中**做出**显著成绩的单位和个人**按照有关规定**给予**表彰、**奖励。 **每年5月的第二周为职业教育活动周。**
	第十三条　国家鼓励职业教育领域的对外交流与合作，支持引进境外优质资源发展职业教育，鼓励有条件的职业教育机构赴境外办学，支持开展多种形式的职业教育学习成果互认。
第二章　职业教育体系	第二章　职业教育体系
第十二条　国家根据不同地区的经济发展水平和教育普及程度，实施以初中后为重点的不同阶段的教育分流，建立、健全职业学校教育与职业培训并举，并与其他教育相互沟通、协调发展的职业教育体系。	第十四条　国家建立健全**适应经济社会发展需要，产教深度融合，职业学校教育和职业培训并重，职业教育与普通教育相互融通，不同层次职业教育有效贯通，服务全民终身学习的现代**职业教育体系。 **国家优化教育结构，科学配置教育资源，在义务教育后的不同阶段因地制宜、统筹推进职业教育与普通教育协调发展。**
第十三条　职业学校教育分为初等、中等、高等职业学校教育。 初等、中等职业学校教育分别	第十五条　职业学校教育分为**中等职业学校教育、高等职业学校教育。**

修改前	现行法
由初等、中等职业学校实施；高等职业学校教育根据需要和条件由高等职业学校实施，或者由普通高等学校实施。其他学校按照教育行政部门的统筹规划，可以实施同层次的职业学校教育。	中等职业学校教育由**高级中等教育层次的**中等职业学校（**含技工学校**）实施。 高等职业学校教育由**专科、本科及以上教育层次的**高等职业学校和普通高等学校实施。**根据高等职业学校设置制度规定，将符合条件的技师学院纳入高等职业学校序列。** 其他学校、**教育机构或者符合条件的企业、行业组织**按照教育行政部门的统筹规划，可以实施**相应**层次的职业学校教育**或者提供纳入人才培养方案的学分课程**。
第十四条　职业培训包括从业前培训、转业培训、学徒培训、在岗培训、转岗培训及其他职业性培训，可以根据实际情况分为初级、中级、高级职业培训。 职业培训分别由相应的职业培训机构、职业学校实施。 其他学校或者教育机构可以根据办学能力，开展面向社会的、多种形式的职业培训。	**第十六条**　职业培训包括**就业**前培训、在**职**培训、**再就业**培训及其他职业性培训，可以根据实际情况**分级分类实施**。 职业培训**可以**由相应的职业培训机构、职业学校实施。 其他学校或者教育机构**以及企业、社会组织**可以根据办学能力、**社会需求，依法**开展面向社会的、多种形式的职业培训。
	第十七条　国家建立健全各级各类学校教育与职业培训学分、资历以及其他学习成果的认证、积累和转换机制，推进职业教育国家学分银行建设，促进职业教育与普通教育的学习成果融通、互认。 **军队职业技能等级纳入国家职业资格认证和职业技能等级评价体系。**

修改前	现行法
第十五条　残疾人职业教育除由残疾人教育机构实施外，各级各类职业学校和职业培训机构及其他教育机构应当按照国家有关规定接纳残疾学生。	**第十八条**　残疾人职业教育除由残疾人教育机构实施外，各级各类职业学校和职业培训机构及其他教育机构应当按照国家有关规定接纳残疾学生，**并加强无障碍环境建设，为残疾学生学习、生活提供必要的帮助和便利。** **国家采取措施，支持残疾人教育机构、职业学校、职业培训机构及其他教育机构开展或者联合开展残疾人职业教育。** **从事残疾人职业教育的特殊教育教师按照规定享受特殊教育津贴。**
第十六条　普通中学可以因地制宜地开设职业教育的课程，或者根据实际需要适当增加职业教育的教学内容。	**第十九条　县级以上人民政府教育行政部门应当鼓励和支持**普通**中小学、普通高等学校，**根据实际需要增加职业教育**相关**教学内容，**进行职业启蒙、职业认知、职业体验，开展职业规划指导、劳动教育，并组织、引导职业学校、职业培训机构、企业和行业组织等提供条件和支持。**
第三章　职业教育的实施	第三章　职业教育的实施
	第二十条　国务院教育行政部门会同有关部门根据经济社会发展需要和职业教育特点，组织制定、修订职业教育专业目录，完善职业教育教学等标准，宏观管理指导职业学校教材建设。

修改前	现行法
第十七条 县级以上地方各级人民政府应当举办发挥骨干和示范作用的职业学校、职业培训机构，对农村、企业、事业组织、社会团体、其他社会组织及公民个人依法举办的职业学校和职业培训机构给予指导和扶持。	**第二十一条** 县级以上地方人民政府应当举办**或者参与举办**发挥骨干和示范作用的职业学校、职业培训机构，对**社会力量**依法举办的职业学校和职业培训机构给予指导和扶持。 **国家根据产业布局和行业发展需要，采取措施，大力发展先进制造等产业需要的新兴专业，支持高水平职业学校、专业建设。** **国家采取措施，加快培养托育、护理、康养、家政等方面技术技能人才。**
第十八条 县级人民政府应当适应农村经济、科学技术、教育统筹发展的需要，举办多种形式的职业教育，开展实用技术的培训，促进农村职业教育的发展。	**第二十二条** 县级人民政府**可以根据县域经济社会**发展的需要，**设立职业教育中心学校，开展**多种形式的职业教育，**实施**实用技术培训。 **教育行政部门可以委托职业教育中心学校承担教育教学指导、教育质量评价、教师培训等职业教育公共管理和服务工作。**
第十九条 政府主管部门、行业组织应当举办或者联合举办职业学校、职业培训机构，组织、协调、指导本行业的企业、事业组织举办职业学校、职业培训机构。 国家鼓励运用现代化教学手段，发展职业教育。	**第二十三条** **行业主管部门按照行业、产业人才需求加强对职业教育的指导，定期发布人才需求信息。** **行业主管部门**、**工会和中华职业教育社等群团组织**、行业组织**可以根据需要，参与制定职业教育专业目录和相关职业教育标准，开展人才需求预测、职业生涯发展研究及信息咨询，培育供需匹配的产教融**

修改前	现行法
	合服务组织，举办或者联合举办职业学校、职业培训机构，组织、协调、指导相关企业、事业单位、社会组织举办职业学校、职业培训机构。
第二十条第一款 企业应当根据本单位的实际，有计划地对本单位的职工和准备录用的人员实施职业教育。 **第二十条第三款** 从事技术工种的职工，上岗前必须经过培训；从事特种作业的职工必须经过培训，并取得特种作业资格。	**第二十四条** 企业应当根据本单位实际，有计划地对本单位的职工和准备招用的人员实施职业教育，**并可以设置专职或者兼职实施职业教育的岗位。** **企业应当按照国家有关规定实行培训上岗制度。企业招用的从事**技术工种的**劳动者**，上岗前必须**进行安全生产教育和技术**培训；**招用的从事涉及公共安全、人身健康、生命财产安全等特定职业（工种）的劳动者**，必须经过培训并**依法**取得**职业资格或者**特种作业资格。 **企业开展职业教育的情况应当纳入企业社会责任报告。**
第二十条第二款 企业可以单独举办或者联合举办职业学校、职业培训机构，也可以委托学校、职业培训机构对本单位的职工和准备录用的人员实施职业教育。	**第二十五条** 企业可以**利用资本、技术、知识、设施、设备、场地和管理等要素**，举办或者联合举办职业学校、职业培训机构。
第二十一条第一款 国家鼓励事业组织、社会团体、其他社会组织及公民个人按照国家有关规定举办职业学校、职业培训机构。	**第二十六条** 国家鼓励、**指导、支持企业和其他社会力量依法**举办职业学校、职业培训机构。 **地方各级人民政府采取购买服务，向学生提供助学贷款、奖助学金等措施，对企业和其他社会力量依**

修改前	现行法
	法举办的职业学校和职业培训机构予以扶持；对其中的非营利性职业学校和职业培训机构还可以采取政府补贴、基金奖励、捐资激励等扶持措施，参照同级同类公办学校生均经费等相关经费标准和支持政策给予适当补助。
	第二十七条 对深度参与产教融合、校企合作，在提升技术技能人才培养质量、促进就业中发挥重要主体作用的企业，按照规定给予奖励；对符合条件认定为产教融合型企业的，按照规定给予金融、财政、土地等支持，落实教育费附加、地方教育附加减免及其他税费优惠。
第二十二条 联合举办职业学校、职业培训机构，举办者应当签订联合办学合同。 政府主管部门、行业组织、企业、事业组织委托学校、职业培训机构实施职业教育的，应当签订委托合同。	**第二十八条** 联合举办职业学校、职业培训机构的，举办者应当签订联合办学协议，约定各方权利义务。 地方各级人民政府及行业主管部门支持社会力量依法参与联合办学，举办多种形式的职业学校、职业培训机构。 行业主管部门、工会等群团组织、行业组织、企业、事业单位等委托学校、职业培训机构实施职业教育的，应当签订委托合同。
第三十七条第一款 国务院有关部门、县级以上地方各级人民政府以及举办职业学校、职业培训机构的组织、公民个人，应当加强职业教育生产实习基地的建设。	**第二十九条** 县级以上人民政府应当加强职业教育实习实训基地建设，组织行业主管部门、工会等群团组织、行业组织、企业等根据区域或者行业职业教育的需要建设高

修改前	现行法
	水平、专业化、开放共享的产教融合实习实训基地，为职业学校、职业培训机构开展实习实训和企业开展培训提供条件和支持。
	第三十条　国家推行中国特色学徒制，引导企业按照岗位总量的一定比例设立学徒岗位，鼓励和支持有技术技能人才培养能力的企业特别是产教融合型企业与职业学校、职业培训机构开展合作，对新招用职工、在岗职工和转岗职工进行学徒培训，或者与职业学校联合招收学生，以工学结合的方式进行学徒培养。有关企业可以按照规定享受补贴。 企业与职业学校联合招收学生，以工学结合的方式进行学徒培养的，应当签订学徒培养协议。
第三十八条　县级以上各级人民政府和有关部门应当建立、健全职业教育服务体系，加强职业教育教材的编辑、出版和发行工作。	第三十一条　国家鼓励行业组织、企业等参与职业教育专业教材开发，将新技术、新工艺、新理念纳入职业学校教材，并可以通过活页式教材等多种方式进行动态更新；支持运用信息技术和其他现代化教学方式，开发职业教育网络课程等学习资源，创新教学方式和学校管理方式，推动职业教育信息化建设与融合应用。
	第三十二条　国家通过组织开展职业技能竞赛等活动，为技术技能人才提供展示技能、切磋技艺的平台，持续培养更多高素质技术技能人才、能工巧匠和大国工匠。

修改前	现行法
	第四章　职业学校和职业培训机构
第二十四条第一款　职业学校的设立，必须符合下列基本条件： （一）有组织机构和章程； （二）有合格的教师； （三）有符合规定标准的教学场所、与职业教育相适应的设施、设备； （四）有必备的办学资金和稳定的经费来源。	**第三十三条**　职业学校的设立，应当符合下列基本条件： （一）有组织机构和章程； （二）有合格的教师**和管理人员**； （三）有**与所实施职业教育相适应**、符合规定标准**和安全要求**的教**学及实习实训**场所、设施、设备**以及课程体系、教育教学资源等**； （四）有必备的办学资金和**与办学规模相适应的**稳定经费来源。 **设立中等职业学校，由县级以上地方人民政府或者有关部门按照规定的权限审批；设立实施专科层次教育的高等职业学校，由省、自治区、直辖市人民政府审批，报国务院教育行政部门备案；设立实施本科及以上层次教育的高等职业学校，由国务院教育行政部门审批。** **专科层次高等职业学校设置的培养高端技术技能人才的部分专业，符合产教深度融合、办学特色鲜明、培养质量较高等条件的，经国务院教育行政部门审批，可以实施本科层次的职业教育。**
第二十四条第二款　职业培训机构的设立，必须符合下列基本条件： （一）有组织机构和管理制度； （二）有与培训任务相适应的教师和管理人员；	**第三十四条**　职业培训机构的设立，**应当**符合下列基本条件： （一）有组织机构和管理制度； （二）有与培训任务相适应的**课程体系、**教师**或者其他授课人员**、管理人员；

修改前	现行法
（三）有与进行培训相适应的场所、设施、设备； （四）有相应的经费。 **第二十四条第三款** 职业学校和职业培训机构的设立、变更和终止，应当按照国家有关规定执行。	（三）有与培训**任务**相适应、**符合安全要求**的场所、设施、设备； （四）有相应的经费。 职业培训机构的设立、变更和终止，按照国家有关规定执行。
	第三十五条 公办职业学校实行中国共产党职业学校基层组织领导的校长负责制，中国共产党职业学校基层组织按照中国共产党章程和有关规定，全面领导学校工作，支持校长独立负责地行使职权。民办职业学校依法健全决策机制，强化学校的中国共产党基层组织政治功能，保证其在学校重大事项决策、监督、执行各环节有效发挥作用。 **校长全面负责本学校教学、科学研究和其他行政管理工作。校长通过校长办公会或者校务会议行使职权，依法接受监督。** **职业学校可以通过咨询、协商等多种形式，听取行业组织、企业、学校毕业生等方面代表的意见，发挥其参与学校建设、支持学校发展的作用。**
	第三十六条 职业学校应当依法办学，依据章程自主管理。 **职业学校在办学中可以开展下列活动：** **（一）根据产业需求，依法自主设置专业；**

修改前	现行法
	（二）基于职业教育标准制定人才培养方案，依法自主选用或者编写专业课程教材； （三）根据培养技术技能人才的需要，自主设置学习制度，安排教学过程； （四）在基本学制基础上，适当调整修业年限，实行弹性学习制度； （五）依法自主选聘专业课教师。
	第三十七条　国家建立符合职业教育特点的考试招生制度。 中等职业学校可以按照国家有关规定，在有关专业实行与高等职业学校教育的贯通招生和培养。 高等职业学校可以按照国家有关规定，采取文化素质与职业技能相结合的考核方式招收学生；对有突出贡献的技术技能人才，经考核合格，可以破格录取。 省级以上人民政府教育行政部门会同同级人民政府有关部门建立职业教育统一招生平台，汇总发布实施职业教育的学校及其专业设置、招生情况等信息，提供查询、报考等服务。
	第三十八条　职业学校应当加强校风学风、师德师风建设，营造良好学习环境，保证教育教学质量。
	第三十九条　职业学校应当建立健全就业创业促进机制，采取多种形式为学生提供职业规划、职业体验、求职指导等就业创业服务，增强学生就业创业能力。

修改前	现行法
第二十三条　职业学校、职业培训机构实施职业教育应当实行产教结合，为本地区经济建设服务，与企业密切联系，培养实用人才和熟练劳动者。 职业学校、职业培训机构可以举办与职业教育有关的企业或者实习场所。	第四十条　职业学校、职业培训机构实施职业教育应当注重产教融合，实行校企合作。 职业学校、职业培训机构可以通过与行业组织、企业、事业单位等共同举办职业教育机构、组建职业教育集团、开展订单培养等多种形式进行合作。 国家鼓励职业学校在招生就业、人才培养方案制定、师资队伍建设、专业规划、课程设置、教材开发、教学设计、教学实施、质量评价、科学研究、技术服务、科技成果转化以及技术技能创新平台、专业化技术转移机构、实习实训基地建设等方面，与相关行业组织、企业、事业单位等建立合作机制。开展合作的，应当签订协议，明确双方权利义务。
第三十三条　职业学校、职业培训机构举办企业和从事社会服务的收入应当主要用于发展职业教育。	第四十一条　职业学校、职业培训机构开展校企合作、提供社会服务或者以实习实训为目的举办企业、开展经营活动取得的收入用于改善办学条件；收入的一定比例可以用于支付教师、企业专家、外聘人员和受教育者的劳动报酬，也可以作为绩效工资来源，符合国家规定的可以不受绩效工资总量限制。 职业学校、职业培训机构实施前款规定的活动，符合国家有关规定的，享受相关税费优惠政策。

修改前	现行法
第三十二条第一款　职业学校、职业培训机构可以对接受中等、高等职业学校教育和职业培训的学生适当收取学费，对经济困难的学生和残疾学生应当酌情减免。收费办法由省、自治区、直辖市人民政府规定。	第四十二条　职业学校按照规定的收费标准和办法，收取学费和其他必要费用；符合国家规定条件的，应当予以减免；不得以介绍工作、安排实习实训等名义违法收取费用。 职业培训机构、职业学校面向社会开展培训的，按照国家有关规定收取费用。
	第四十三条　职业学校、职业培训机构应当建立健全教育质量评价制度，吸纳行业组织、企业等参与评价，并及时公开相关信息，接受教育督导和社会监督。 县级以上人民政府教育行政部门应当会同有关部门、行业组织建立符合职业教育特点的质量评价体系，组织或者委托行业组织、企业和第三方专业机构，对职业学校的办学质量进行评估，并将评估结果及时公开。 职业教育质量评价应当突出就业导向，把受教育者的职业道德、技术技能水平、就业质量作为重要指标，引导职业学校培养高素质技术技能人才。 有关部门应当按照各自职责，加强对职业学校、职业培训机构的监督管理。
	第五章　职业教育的教师与受教育者
第三十六条　县级以上各级人民政府和有关部门应当将职业教育教师的培养和培训工作纳入教师队伍	第四十四条　国家保障职业教育教师的权利，提高其专业素质与社会地位。

修改前	现行法
建设规划，保证职业教育教师队伍适应职业教育发展的需要。 职业学校和职业培训机构可以聘请专业技术人员、有特殊技能的人员和其他教育机构的教师担任兼职教师。有关部门和单位应当提供方便。	县级以上人民政府及其有关部门应当将职业教育教师的培养培训工作纳入教师队伍建设规划，保证职业教育教师队伍适应职业教育发展的需要。
	第四十五条　国家建立健全职业教育教师培养培训体系。 各级人民政府应当采取措施，加强职业教育教师专业化培养培训，鼓励设立专门的职业教育师范院校，支持高等学校设立相关专业，培养职业教育教师；鼓励行业组织、企业共同参与职业教育教师培养培训。 产教融合型企业、规模以上企业应当安排一定比例的岗位，接纳职业学校、职业培训机构教师实践。
	第四十六条　国家建立健全符合职业教育特点和发展要求的职业学校教师岗位设置和职务（职称）评聘制度。 职业学校的专业课教师（含实习指导教师）应当具有一定年限的相应工作经历或者实践经验，达到相应的技术技能水平。 具备条件的企业、事业单位经营管理和专业技术人员，以及其他有专业知识或者特殊技能的人员，经教育教学能力培训合格的，可以担任职业学校的专职或者兼职专业课

修改前	现行法
	教师；取得教师资格的，可以根据其技术职称聘任为相应的教师职务。取得职业学校专业课教师资格可以视情况降低学历要求。
	第四十七条　国家鼓励职业学校聘请技能大师、劳动模范、能工巧匠、非物质文化遗产代表性传承人等高技能人才，通过担任专职或者兼职专业课教师、设立工作室等方式，参与人才培养、技术开发、技能传承等工作。
	第四十八条　国家制定职业学校教职工配备基本标准。省、自治区、直辖市应当根据基本标准，制定本地区职业学校教职工配备标准。 县级以上地方人民政府应当根据教职工配备标准、办学规模等，确定公办职业学校教职工人员规模，其中一定比例可以用于支持职业学校面向社会公开招聘专业技术人员、技能人才担任专职或者兼职教师。
	第四十九条　职业学校学生应当遵守法律、法规和学生行为规范，养成良好的职业道德、职业精神和行为习惯，努力学习，完成规定的学习任务，按照要求参加实习实训，掌握技术技能。 职业学校学生的合法权益，受法律保护。

修改前	现行法
第三十七条第二款 企业、事业组织应当接纳职业学校和职业培训机构的学生和教师实习；对上岗实习的，应当给予适当的劳动报酬。	**第五十条** 国家鼓励企业、事业单位**安排实习岗位**，接纳职业学校和职业培训机构的学生实习。**接纳实习的单位应当保障学生在实习期间按照规定享受休息休假、获得劳动安全卫生保护、参加相关保险、接受职业技能指导等权利**；对上岗实习的，应当**签订实习协议**，给予适当的劳动报酬。 **职业学校和职业培训机构应当加强对实习实训学生的指导，加强安全生产教育，协商实习单位安排与学生所学专业相匹配的岗位，明确实习实训内容和标准，不得安排学生从事与所学专业无关的实习实训，不得违反相关规定通过人力资源服务机构、劳务派遣单位，或者通过非法从事人力资源服务、劳务派遣业务的单位或个人组织、安排、管理学生实习实训。**
第二十五条 接受职业学校教育的学生，经学校考核合格，按照国家有关规定，发给学历证书。接受职业培训的学生，经培训的职业学校或者职业培训机构考核合格，按照国家有关规定，发给培训证书。 学历证书、培训证书按照国家有关规定，作为职业学校、职业培训机构的毕业生、结业生从业的凭证。	**第五十一条** 接受职业学校教育，**达到相应学业要求**，经学校考核合格的，**取得相应的**学业证书；接受职业培训，经**职业培训机构或者职业学校**考核合格的，**取得相应**的培训证书；**经符合国家规定的专门机构考核合格的，取得相应的职业资格证书或者职业技能等级证书**。 学业证书、培训证书、**职业资格证书和职业技能等级证书**，按照国家有关规定，作为**受教育者**从业的凭证。

修改前	现行法
	接受职业培训取得的职业技能等级证书、培训证书等学习成果，经职业学校认定，可以转化为相应的学历教育学分；达到相应职业学校学业要求的，可以取得相应的学业证书。 接受高等职业学校教育，学业水平达到国家规定的学位标准的，可以依法申请相应学位。
第三十二条第二款　国家支持企业、事业组织、社会团体、其他社会组织及公民个人按照国家有关规定设立职业教育奖学金、贷学金，奖励学习成绩优秀的学生或者资助经济困难的学生。	第五十二条　国家建立对职业学校学生的奖励和资助制度，对特别优秀的学生进行奖励，对经济困难的学生提供资助，并向艰苦、特殊行业等专业学生适当倾斜。国家根据经济社会发展情况适时调整奖励和资助标准。 国家支持企业、事业单位、社会组织及公民个人按照国家有关规定设立职业教育奖学金、助学金，奖励优秀学生，资助经济困难的学生。 职业学校应当按照国家有关规定从事业收入或者学费收入中提取一定比例资金，用于奖励和资助学生。 省、自治区、直辖市人民政府有关部门应当完善职业学校资助资金管理制度，规范资助资金管理使用。
	第五十三条　职业学校学生在升学、就业、职业发展等方面与同层次普通学校学生享有平等机会。 高等职业学校和实施职业教育的普通高等学校应当在招生计划中确定相应比例或者采取单独考试办法，专门招收职业学校毕业生。

修改前	现行法
	各级人民政府应当创造公平就业环境。用人单位不得设置妨碍职业学校毕业生平等就业、公平竞争的报考、录用、聘用条件。机关、事业单位、国有企业在招录、招聘技术技能岗位人员时，应当明确技术技能要求，将技术技能水平作为录用、聘用的重要条件。事业单位公开招聘中有职业技能等级要求的岗位，可以适当降低学历要求。
第四章　职业教育的保障条件	第六章　职业教育的保障
第二十六条　国家鼓励通过多种渠道依法筹集发展职业教育的资金。	**第五十四条**　国家**优化教育经费支出结构，使职业教育经费投入与职业教育发展需求相适应，**鼓励通过多种渠道依法筹集发展职业教育的资金。
第二十七条　省、自治区、直辖市人民政府应当制定本地区职业学校学生人数平均经费标准；国务院有关部门应当会同国务院财政部门制定本部门职业学校学生人数平均经费标准。职业学校举办者应当按照学生人数平均经费标准足额拨付职业教育经费。 各级人民政府、国务院有关部门用于举办职业学校和职业培训机构的财政性经费应当逐步增长。 任何组织和个人不得挪用、克扣职业教育的经费。	**第五十五条　各级人民政府应当按照事权和支出责任相适应的原则，根据职业教育办学规模、培养成本和办学质量等落实职业教育经费，并加强预算绩效管理，提高资金使用效益。** 省、自治区、直辖市人民政府应当制定本地区职业学校**生均**经费标准**或者公用经费标准**。职业学校举办者应当按照**生均**经费标准**或者公用经费标准按时**、足额拨付经费，**不断改善办学条件。不得以学费、社会服务收入冲抵生均拨款。** **民办职业学校举办者应当参照同层次职业学校生均经费标准，通过多种渠道筹措经费。**

修改前	现行法
	财政专项安排、社会捐赠指定用于职业教育的经费，任何组织和个人不得挪用、克扣。
第三十条　省、自治区、直辖市人民政府按照教育法的有关规定决定开征的用于教育的地方附加费，可以专项或者安排一定比例用于职业教育。	**第五十六条**　地方各级人民政府安排地方教育附加等方面的经费，应当将其中可用于职业教育的资金统筹使用；发挥失业保险基金作用，支持职工提升职业技能。
第三十一条　各级人民政府可以将农村科学技术开发、技术推广的经费，适当用于农村职业培训。	**第五十七条**　各级人民政府加大面向农村的职业教育投入，可以将农村科学技术开发、技术推广的经费适当用于农村职业培训。
第二十八条　企业应当承担对本单位的职工和准备录用的人员进行职业教育的费用，具体办法由国务院有关部门会同国务院财政部门或者由省、自治区、直辖市人民政府依法规定。	**第五十八条**　企业应当根据国务院规定的标准，按照职工工资总额一定比例提取和使用职工教育经费。职工教育经费可以用于举办职业教育机构、对本单位的职工和准备招用人员进行职业教育等合理用途，其中用于企业一线职工职业教育的经费应当达到国家规定的比例。用人单位安排职工到职业学校或者职业培训机构接受职业教育的，应当在其接受职业教育期间依法支付工资，保障相关待遇。 企业设立具备生产与教学功能的产教融合实习实训基地所发生的费用，可以参照职业学校享受相应的用地、公用事业费等优惠。
第三十四条　国家鼓励金融机构运用信贷手段，扶持发展职业教育。	**第五十九条**　国家鼓励金融机构通过提供金融服务支持发展职业教育。

修改前	现行法
第三十五条 国家鼓励企业、事业组织、社会团体、其他社会组织及公民个人对职业教育捐资助学，鼓励境外的组织和个人对职业教育提供资助和捐赠。提供的资助和捐赠，必须用于职业教育。	**第六十条** 国家鼓励企业、事业**单位**、社会组织及公民个人对职业教育捐资助学，鼓励境外的组织和个人对职业教育提供资助和捐赠。提供的资助和捐赠，必须用于职业教育。
第九条 国家鼓励并组织职业教育的科学研究。 **第三十八条** 县级以上各级人民政府和有关部门应当建立、健全职业教育服务体系，加强职业教育教材的编辑、出版和发行工作。	**第六十一条** 国家鼓励**和支持开展**职业教育的科学**技术**研究、**教材和教学资源开发，推进职业教育资源跨区域、跨行业、跨部门共建共享。** **国家逐步建立反映职业教育特点和功能的信息统计和管理体系。** 县级以上人民政府**及其**有关部门应当建立健全职业教育服务**和保障**体系，**组织、引导工会等群团组织、行业组织、企业、学校等开展职业教育研究、宣传推广、人才供需对接等活动。**
	第六十二条 新闻媒体和职业教育有关方面应当积极开展职业教育公益宣传，弘扬技术技能人才成长成才典型事迹，营造人人努力成才、人人皆可成才、人人尽展其才的良好社会氛围。
	第七章 法律责任
第三十九条 在职业教育活动中违反教育法规定的，应当依照教育法的有关规定给予处罚。	**第六十三条** 在职业教育活动中违反**《中华人民共和国教育法》、《中华人民共和国劳动法》等有关法律**规定的，**依照有关法律的**规定给予处罚。

修改前	现行法
第二十九条　企业未按本法第二十条的规定实施职业教育的，县级以上地方人民政府应当责令改正；拒不改正的，可以收取企业应当承担的职业教育经费，用于本地区的职业教育。	**第六十四条**　企业未依照本法规定**对本单位的职工和准备招用的人员**实施职业教育、**提取和使用职工教育经费的，由有关部门**责令改正；拒不改正的，**由县级以上人民政府**收取**其**应当承担的职工教育经费，用于职业教育。
	第六十五条　职业学校、职业培训机构在职业教育活动中违反本法规定的，由教育行政部门或者其他有关部门责令改正；教育教学质量低下或者管理混乱，造成严重后果的，责令暂停招生、限期整顿；逾期不整顿或者经整顿仍达不到要求的，吊销办学许可证或者责令停止办学。
	第六十六条　接纳职业学校和职业培训机构学生实习的单位违反本法规定，侵害学生休息休假、获得劳动安全卫生保护、参加相关保险、接受职业技能指导等权利的，依法承担相应的法律责任。 **职业学校、职业培训机构违反本法规定，通过人力资源服务机构、劳务派遣单位或者非法从事人力资源服务、劳务派遣业务的单位或个人组织、安排、管理学生实习实训的，由教育行政部门、人力资源社会保障行政部门或者其他有关部门责令改正，没收违法所得，并处违法所得一倍以上五倍以下的罚款；违法所得不足一万元的，按一万元计算。**

修改前	现行法
	对前款规定的人力资源服务机构、劳务派遣单位或者非法从事人力资源服务、劳务派遣业务的单位或个人，由人力资源社会保障行政部门或者其他有关部门责令改正，没收违法所得，并处违法所得一倍以上五倍以下的罚款；违法所得不足一万元的，按一万元计算。
	第六十七条 教育行政部门、人力资源社会保障行政部门或者其他有关部门的工作人员违反本法规定，滥用职权、玩忽职守、徇私舞弊的，依法给予处分；构成犯罪的，依法追究刑事责任。
第五章 附 则	**第八章 附 则**
第二十一条第二款 境外的组织和个人在中国境内举办职业学校、职业培训机构的办法，由国务院规定。	**第六十八条** 境外的组织和个人在境内举办职业学校、职业培训机构，适用本法；法律、行政法规另有规定的，从其规定。
第四十条 本法自1996年9月1日起施行。	**第六十九条** 本法自**2022**年**5**月**1**日起施行。

图书在版编目（CIP）数据

中华人民共和国职业教育法：含新旧对照/中国法制出版社编．—北京：中国法制出版社，2022.5

ISBN 978-7-5216-2658-2

Ⅰ.①中…　Ⅱ.①中…　Ⅲ.①职业教育法-中国　Ⅳ.①D922.16

中国版本图书馆 CIP 数据核字（2022）第 070917 号

责任编辑：卜范杰　　封面设计：李　宁

中华人民共和国职业教育法：含新旧对照

ZHONGHUA RENMIN GONGHEGUO ZHIYE JIAOYUFA：HAN XINJIU DUIZHAO

经销/新华书店

印刷/北京海纳百川印刷有限公司

开本/850 毫米×1168 毫米　32 开　　印张/ 2.5　字数/ 42 千

版次/2022 年 5 月第 1 版　　2022 年 5 月第 1 次印刷

中国法制出版社出版

书号 ISBN 978-7-5216-2658-2　　定价：10.00 元

北京市西城区西便门西里甲 16 号西便门办公区

邮政编码：100053　　传真：010-63141600

网址：http：//www.zgfzs.com　　编辑部电话：010-63141673

市场营销部电话：010-63141612　　印务部电话：010-63141606

（如有印装质量问题，请与本社印务部联系。）